2007年1月

タモさん

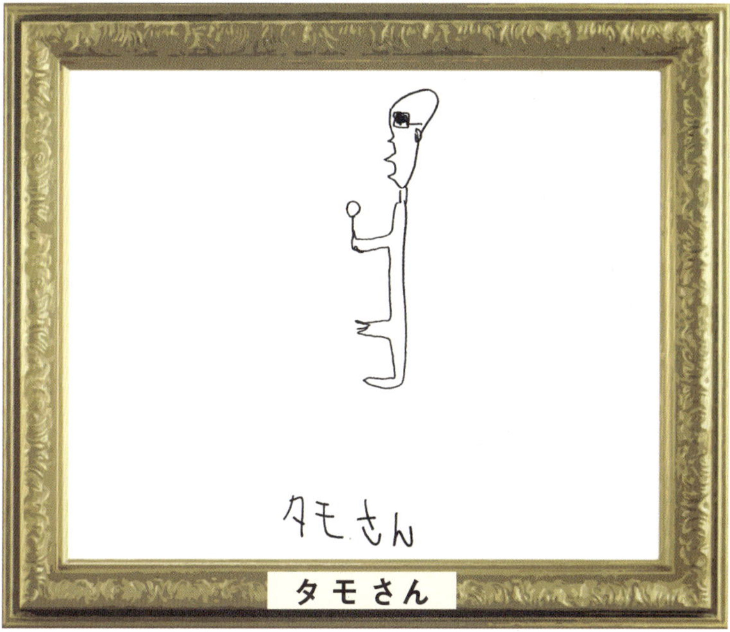

画：中居正広

こういうディレクターさん、フジテレビによくいますよね

by 柳原可奈子

相当なダメージジーンズを
小ぎれいに合わせている◎

タカアンドトシ
by タカ

2007年2月

画：中居正広

嫌味になりがちなファーを
サラリと着こなすあたり◎

タカアンドトシ
by タカ

あたたか！

タカアンドトシ
by トシ

2007年3月

キリン

画：中居正広

黒でまとめると重くなりがちだが、この形のコートを選ぶことで重くみせないあたり◎

by タカ（タカアンドトシ）

チョイ恐か！

タカアンドトシ
by トシ

着ぶくれしてしまうアウターを
スタイリッシュに着こなすあたりはgoodの一言

by タカ (タカアンドトシ)

上下デニムとか、あーし的に逆に？逆に新鮮っつーか？
てか「1」って何!?（笑）「1」キャップあーしもマジかぶりてぇぇぇ!!

by 総武線の女子高生
（柳原可奈子）

2007年4月

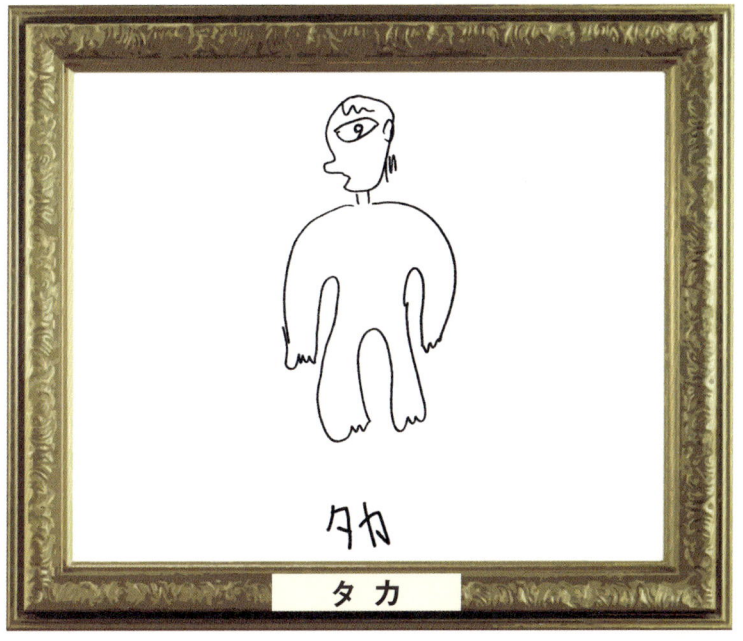

画：中居正広

ボーダーもパンツも**太めか!**

タカアンドトシ
by トシ

今期こういうブリティッシュなアイテムを一スクールボーイ風にカジュアルめに着こなすの流行っててぇ、うちのスタッフとかもみんなやってるんですよぉとりあえず試着してみますぅ!?

by ショップ店員
(柳原可奈子)

2007.4.24

かなりのダメージジーンズにライダースと
スニーカーできれいさを演出。
さすがの一言

by タカ (タカアンドトシ)

2007年5月

画：中居正広

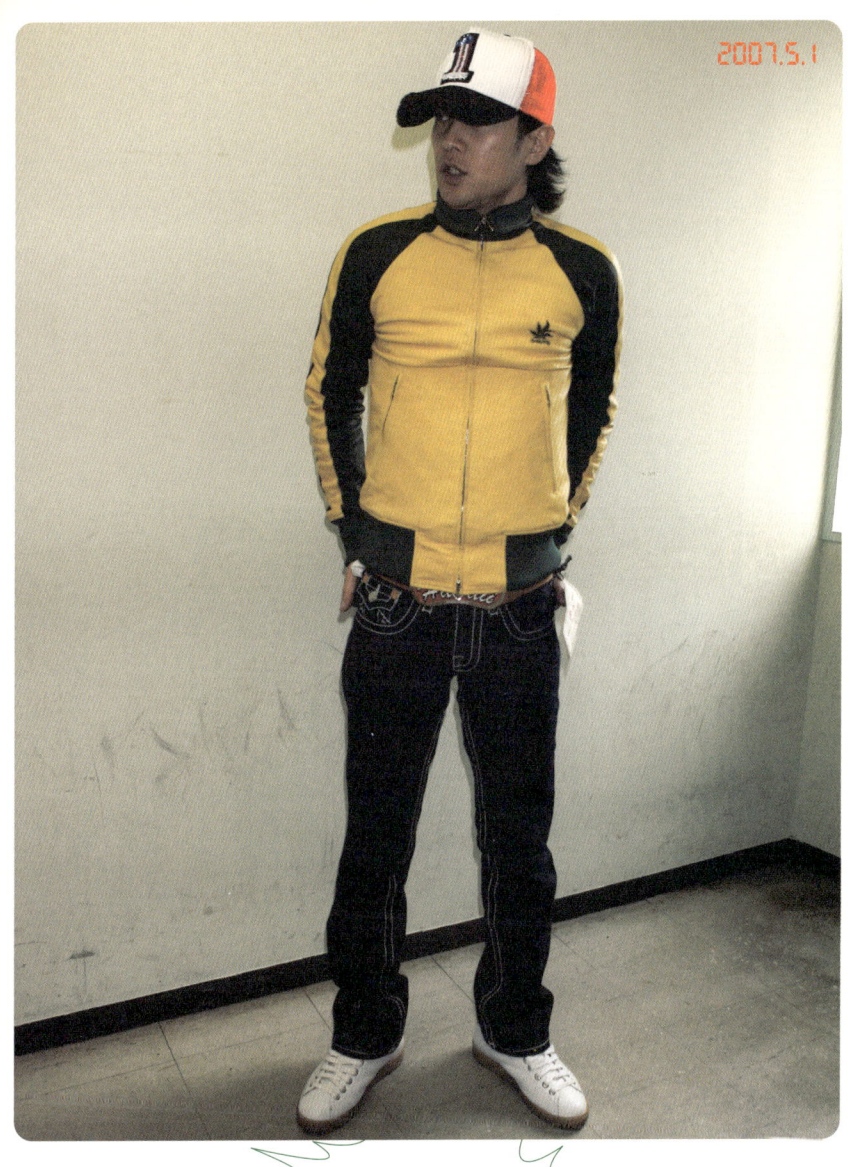

スポーティーか！

タカアンドトシ
by トシ

全身ブラックだがタイトめのGジャンとジーンズで、あつくるしくみせない。かなりの達人とみた

タカアンドトシ
by タカ

夜、友達カップルと、もつなべ

by 里田まい

2007年6月

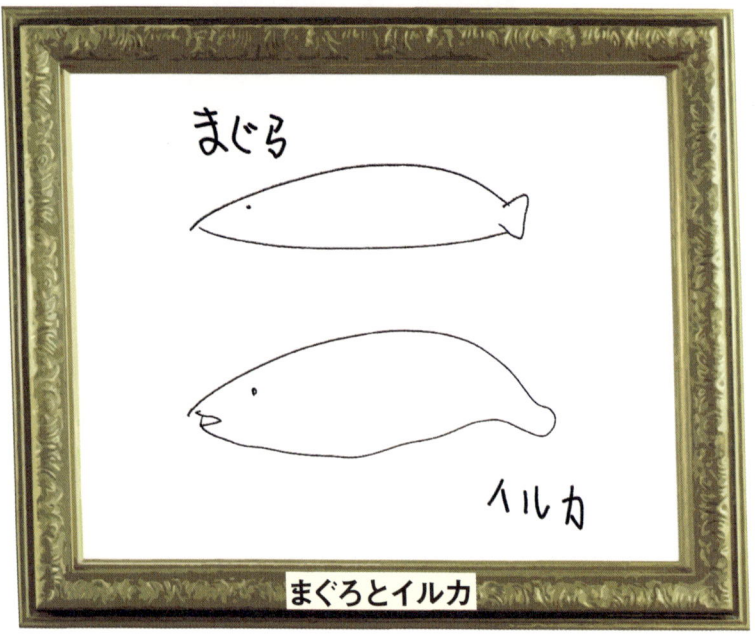

まぐろとイルカ

画：中居正広

2007.6.5

太めのパンツにビーサンを合わせることで、チョイワルを演出。
ブルゾンのあいだからのぞくTシャツの柄を
計算済み!

タカアンドトシ
by タカ

2007.6.12

初夏か!

タカアンドトシ
by トシ

ハーフパンツの丈の長さ、Tシャツのタコが
逆さになってるデザイン。とにかく言うことなし!!

タカアンドトシ
by タカ

えーマミこういうかんじのホストに声かけられたことありますー

by 女子大生マミ（柳原可奈子）

2007年7月

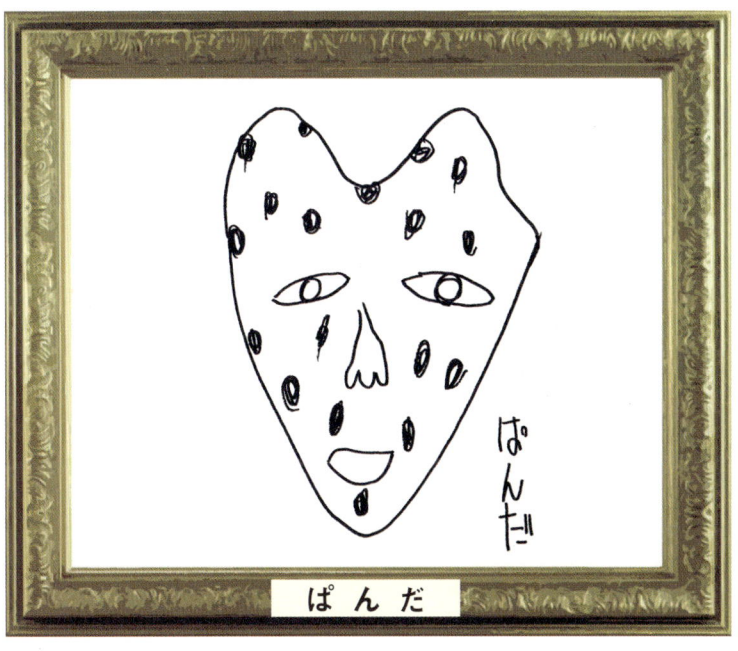

画：中居正広

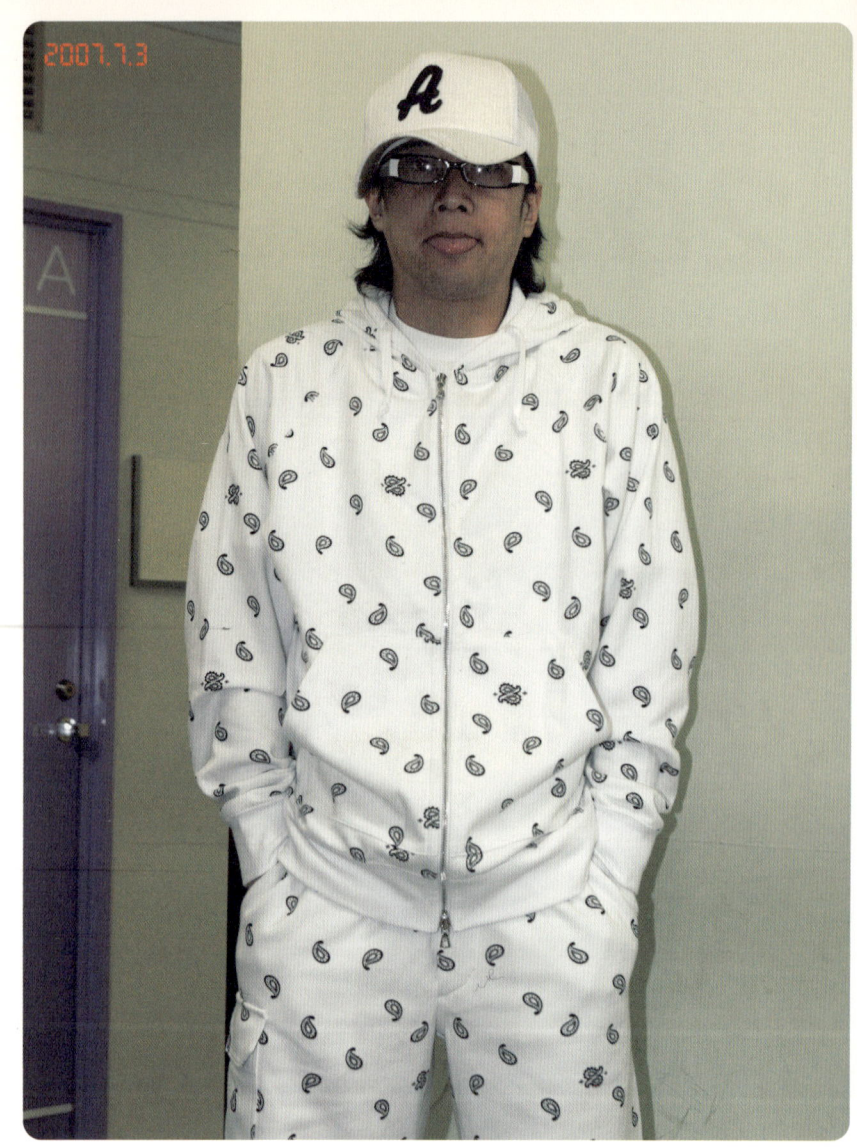

駒沢体育館で、バドミントン

by 里田まい

大型スーパーで、バーベキューの買い出し by 里田まい

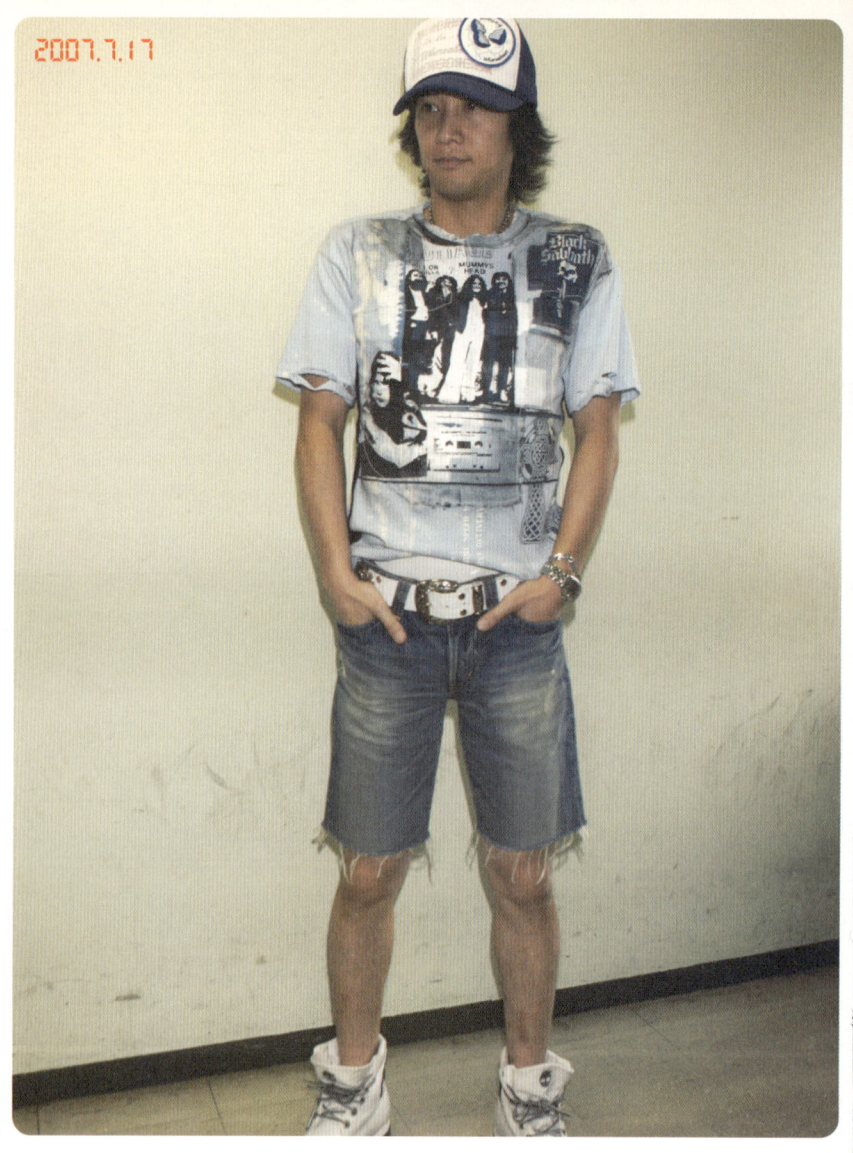

明治神宮でテニス

by 里田まい

どうしたのかな？　やせてない？
貝になっちゃってるのかな？

by 三村 _{さまぁ〜ず}

2007年8月

カブトムシ

画：中居正広

おもいきって出した肩、スタイルのよさを
さりげなくアピール。あっかんです、ハイ

by タカ (タカアンドトシ)

深夜にバッティングセンター

by 里田まい

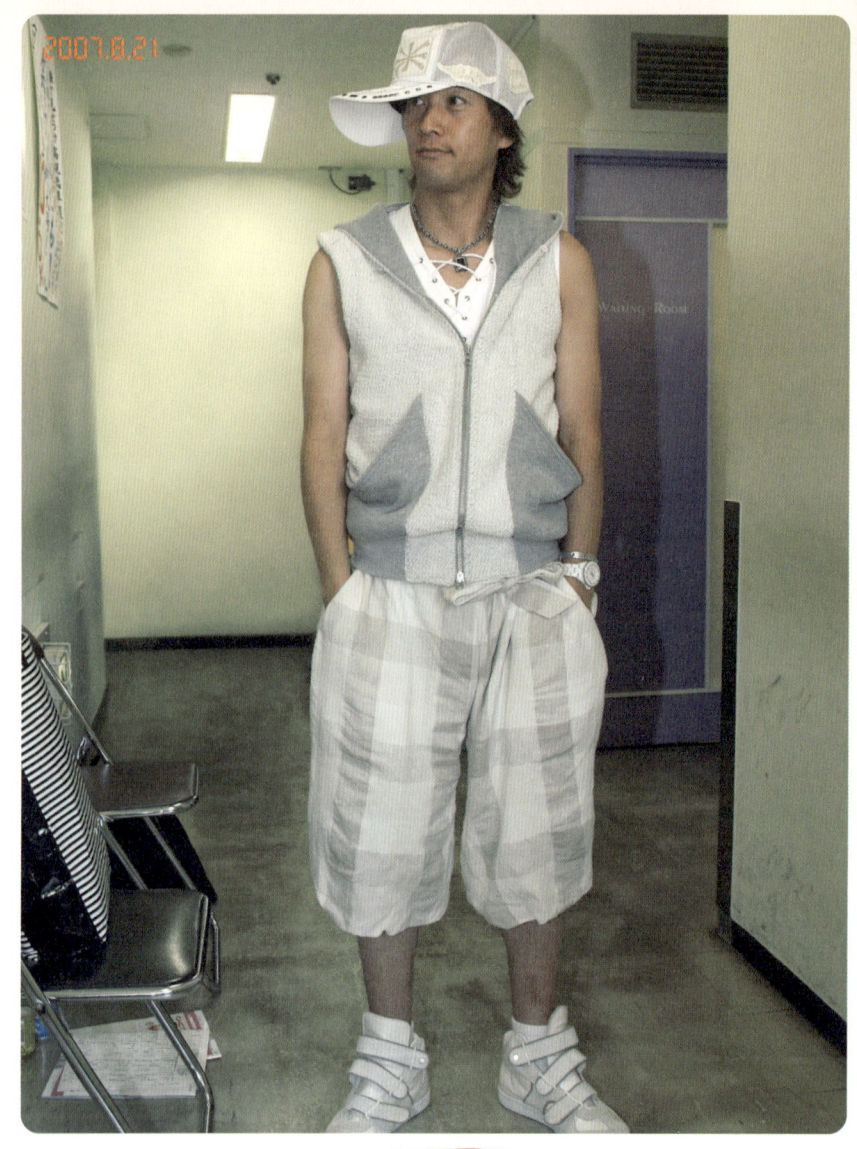

この靴かっこいいなぁ
by 三村(さまぁ〜ず)

ダンサーか！

by トシ (タカアンドトシ)

2007年9月

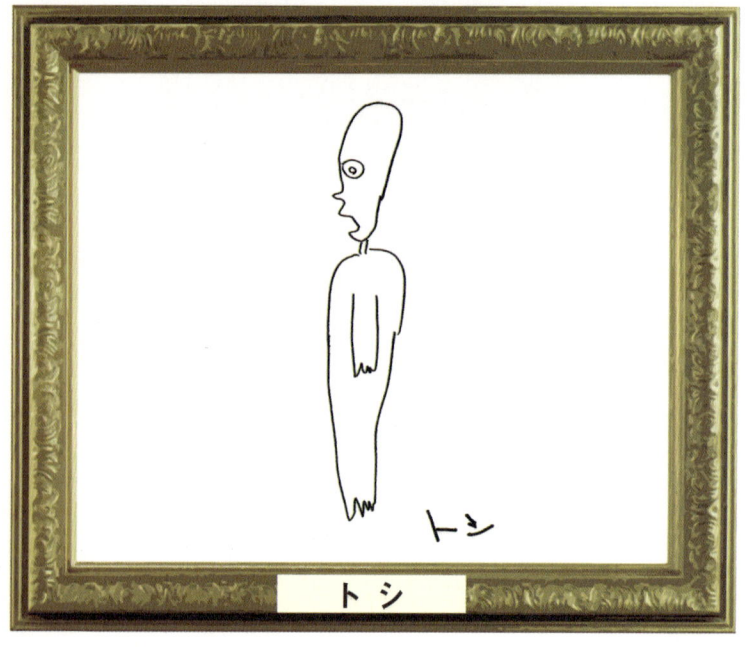

トシ

画：中居正広

昼ごはんカレーうどん誘ったら
イヤがりますかねぇー

by 柳原可奈子

やべー(笑)
絶対JAPONイジりたくなるんですけどー
ウケるー

by 総武線の女子高生
(柳原可奈子)

平日のとしまえん
by 里田まい

オフか!
タカアンドトシ
by トシ

2007年10月

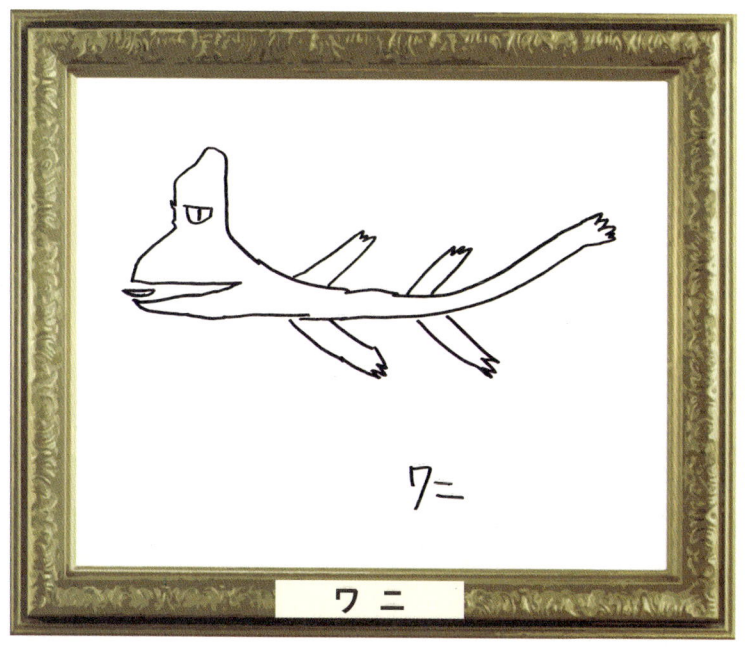

画：中居正広

今から薬局に行ってきまーすっ
by 大竹（さまぁ〜ず）

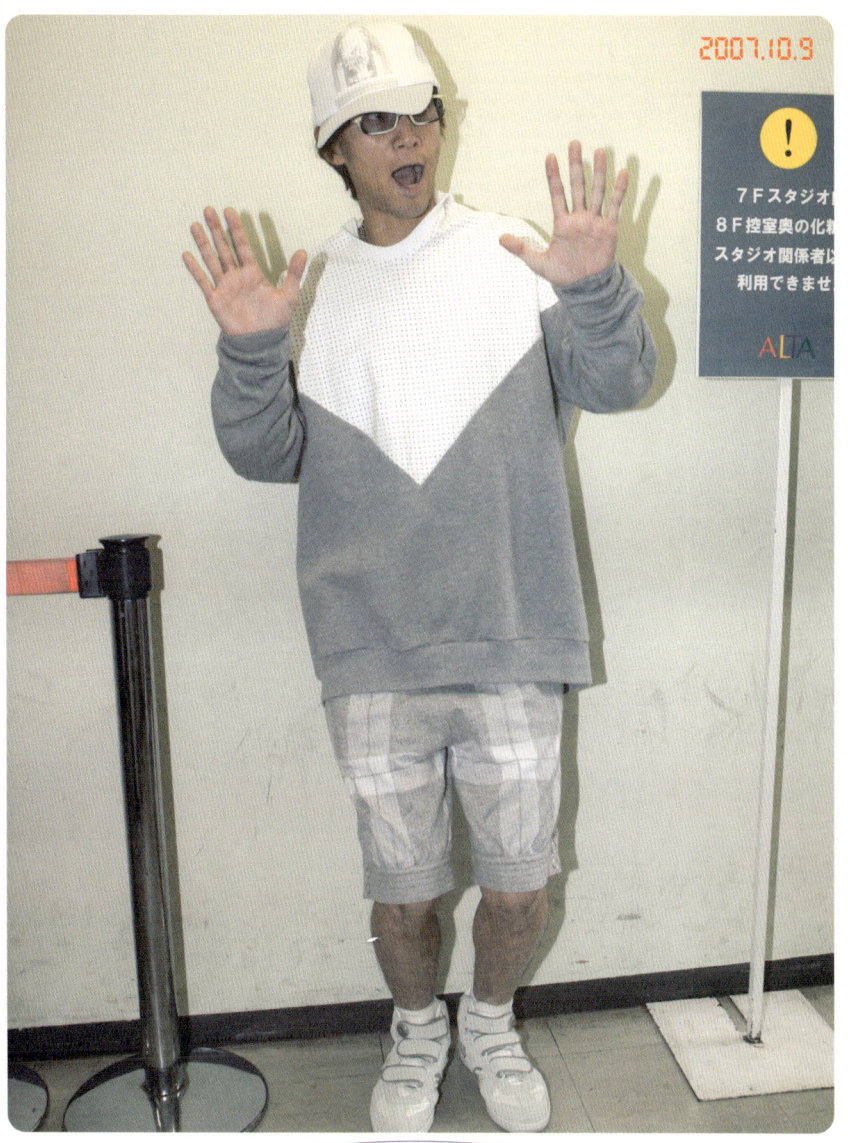

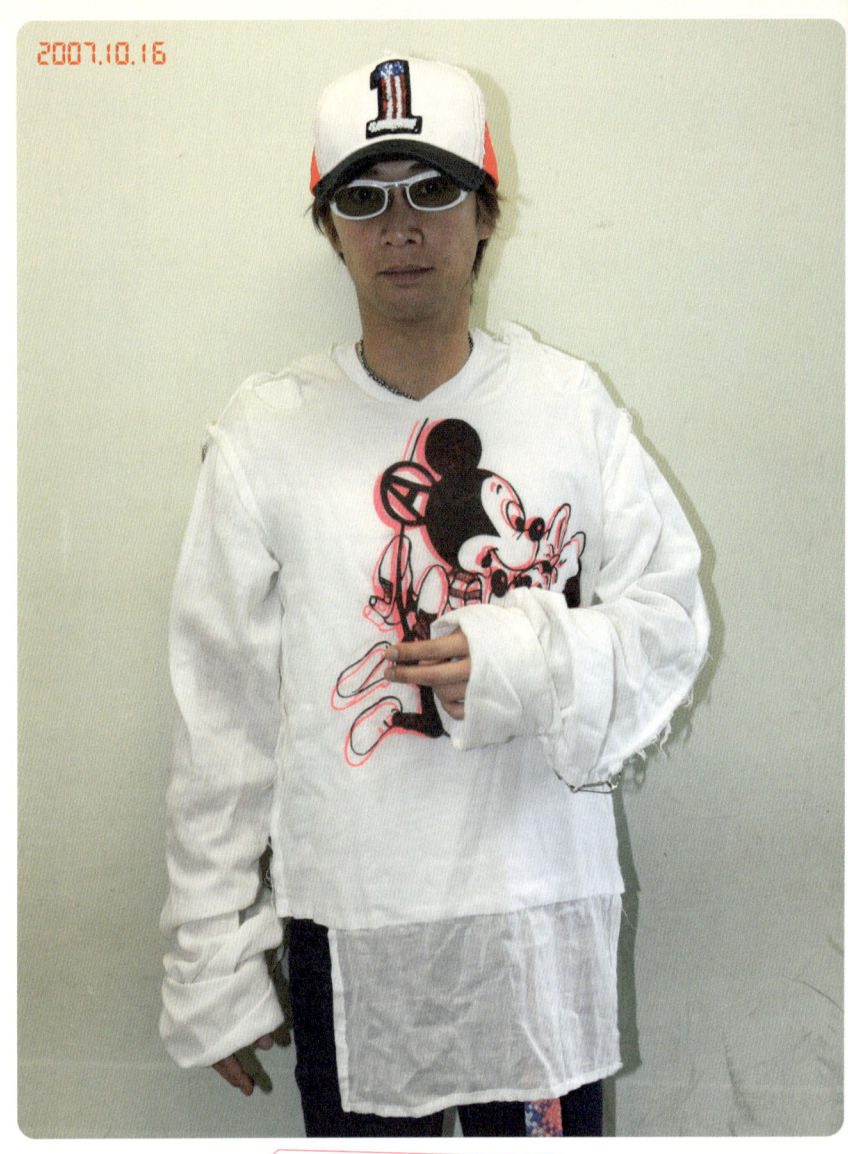

ミッキーとミニーの激しすぎるデザイン、
それを邪魔しないパンツとキャップ。
主張したいところは、一つです!!

タカアンドトシ
by タカ

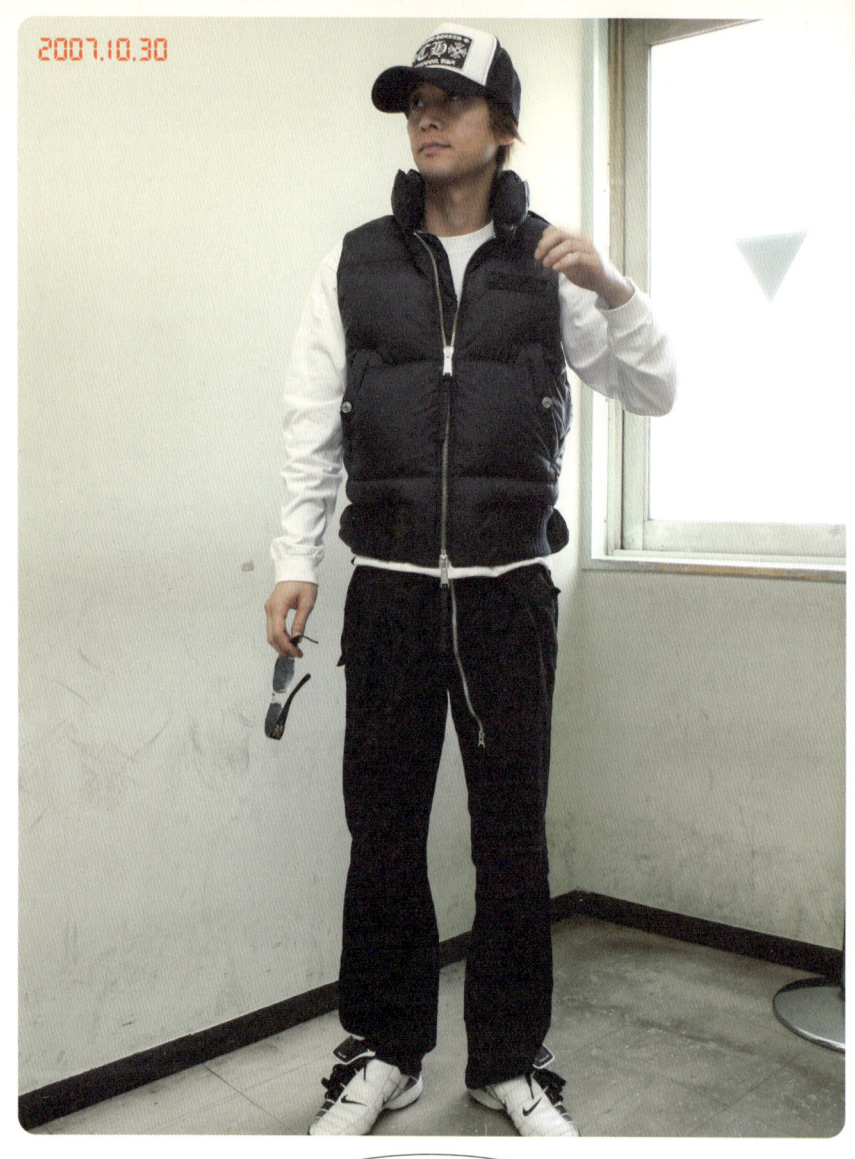

モノトーンか!

タカアンドトシ
by トシ

2007年11月

三村さん

画：中居正広

迷彩パンツとパーカー。一見ふつうすぎるくみあわせにみえるが、キャップをななめにすることで、タダ者ではない感をかもし出す。トーシローは真似するな!

タカアンドトシ
by タカ

この日の顔が一番スキです♥

by 柳原可奈子

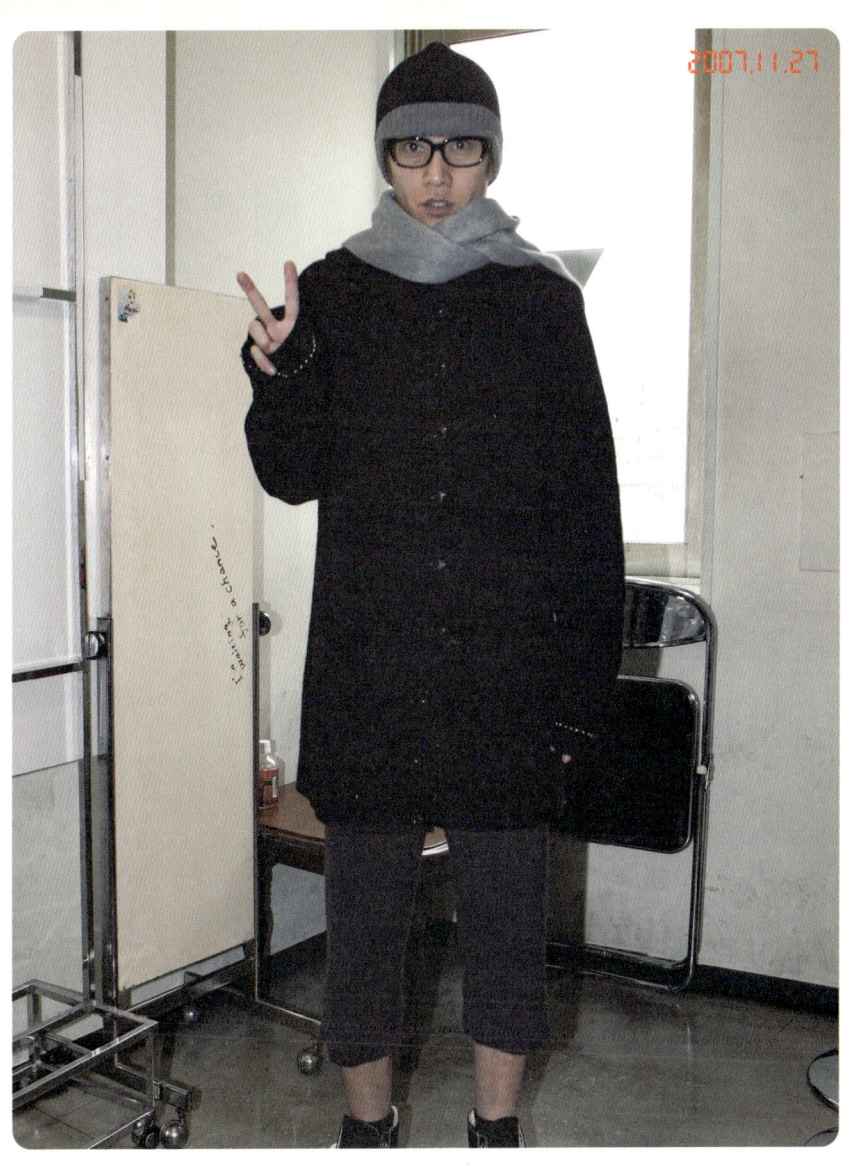

塾帰りに一緒にツタヤに寄り道

by 里田まい

2007年12月

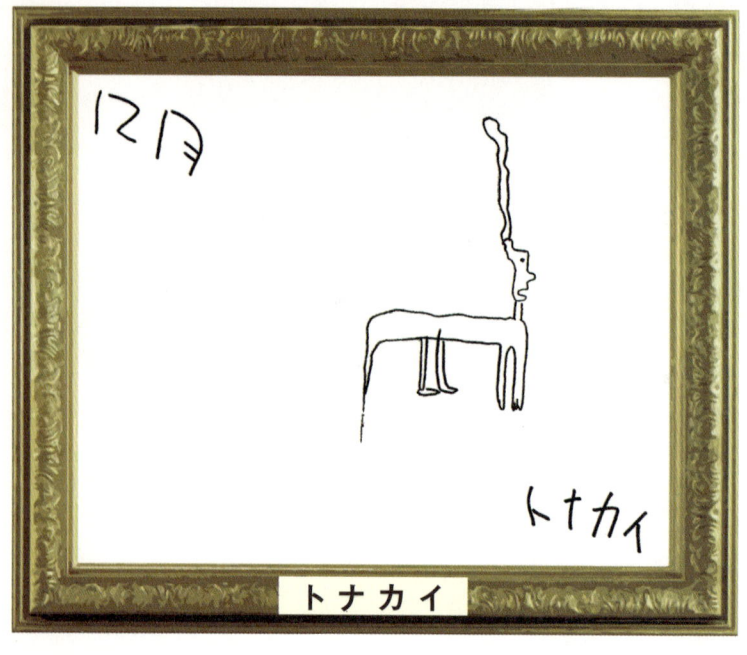

トナカイ

画：中居正広

このズボンどこが本物のチャックなわけ?
あ、全部ダミーなの。
それはそれは失礼いたしました

大御所スタイリスト
by 北条マキ
（柳原可奈子）

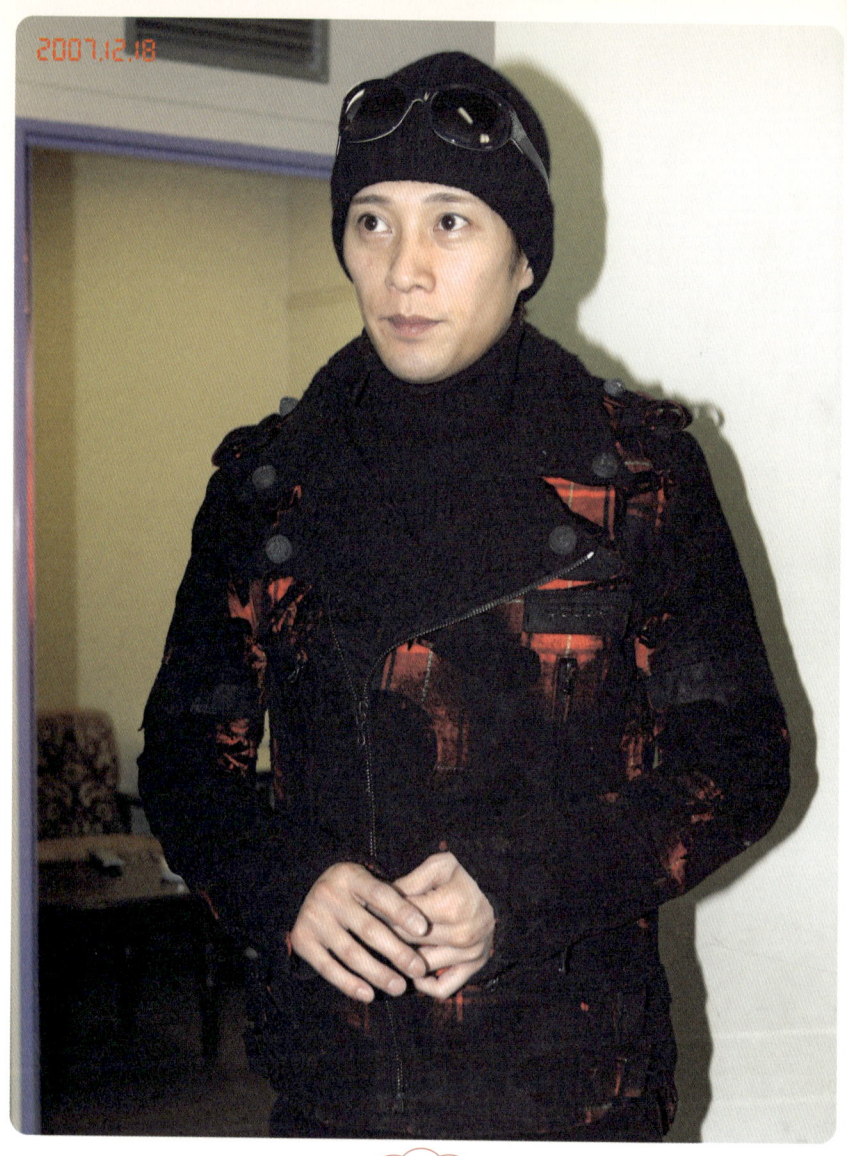

シックか！

タカアンドトシ
by トシ

美香保スケート場
by 里田まい

2008年1月

画:中居正広

黒と白という昔からの定番組み合わせを、スタジャンのデザインによってオシャレをさりげなくアピール。足元のラジカセもピッタリ!!

タカアンドトシ
by タカ

夜、ススキノデート

by 里田まい

黒のダウンはデブにみえがち！しかし細めのパンツで
この人はやせている人だとまわりに安心感を出すあたり◎

タカアンドトシ
by タカ

寒い海外 — by 里田まい

2008年2月

画：中居正広

寒がりか！

タカアンドトシ
byトシ

これ誰!? これ! これ全体どこに売ってんの?

by 三村（さまぁ〜ず）

太めのパンツとスタジャンで重くなりがちなスタイルを、ピンクのベルトを出すことで、軽くみせる。小技、並みじゃないよね

タカアンドトシ
by タカ

雪まつり by 里田まい

2008年3月

画：中居正広

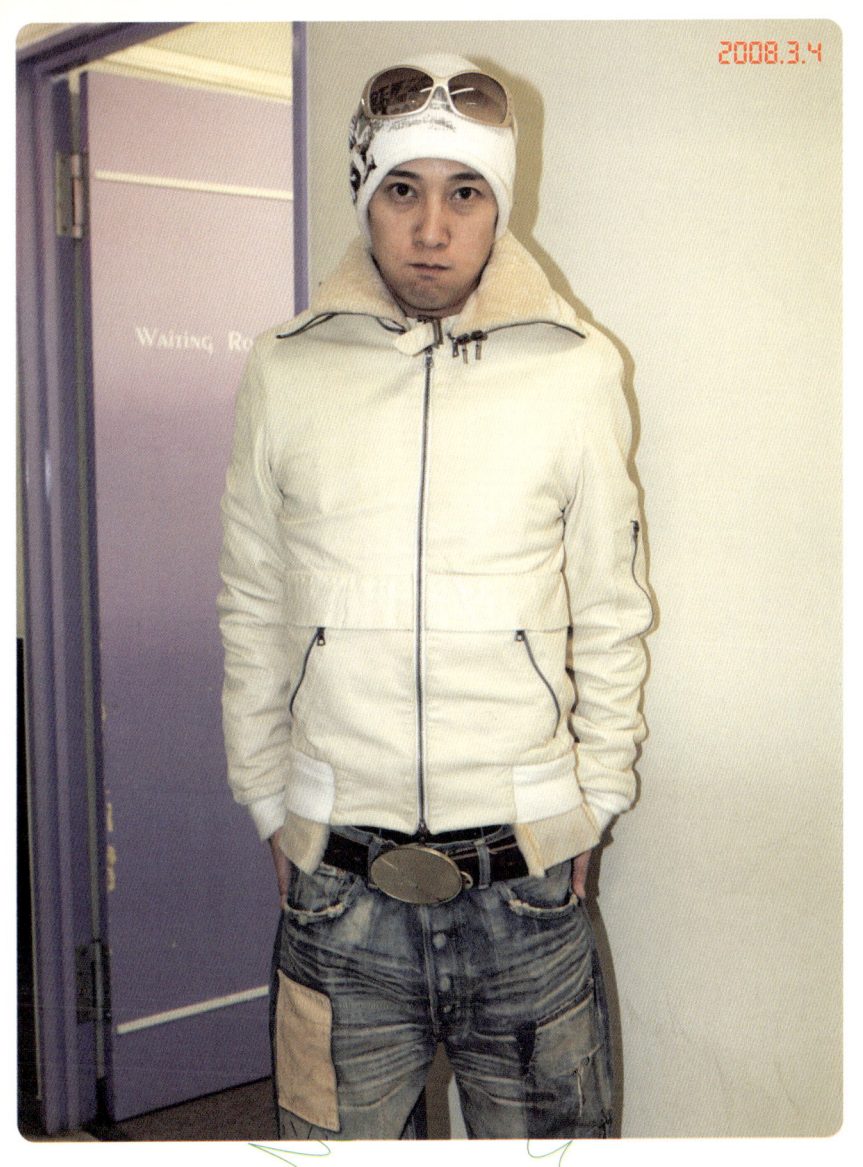

全員で夜のラーメン

by 里田まい

所ジョージさんと同じ位置だ!!
ーロ・ロー
by 柳原可奈子

2008年4月

画：中居正広

ドクロのカウチンは恐いイメージ…だが、
ニット帽と白のハイカットスニーカーでカワイさも合流。
ミスマッチのはずが最高のオシャレに早変わり

タカアンドトシ
by タカ

一見モノトーンでシックに見えますが、
彼なりの小物使いにとてもセンスを感じます。
パリコレ決定ね

by 大御所スタイリスト
北条マキ
（柳原可奈子）

社長?

さまぁ～ず
by 大竹

2008.4.22

少年か！
by トシ タカアンドトシ

2008.4.29

上下のバランスが最高。
カジュアルスーツのお手本だ

タカアンドトシ
by タカ

2008年5月

画：中居正広

なんか、やぶ蚊に見えるっ!!
えーっアタシだけですかぁ？

by 女子大生マミ
（柳原可奈子）

一眼レフとか使ってそう。
少女マンガっぽい。矢沢あいが描きそう

by 柳原可奈子

おしゃれ軍人か！
byトシ
タカアンドトシ

2008年6月

大竹さん

画：中居正広

だまし絵みたいなシャツお召しになって。
すばらしいことー

大御所スタイリスト
by 北条マキ
(柳原可奈子)

なるほど、召集令状ですか
さまぁ〜ず
by 大竹

重たい黒の迷彩を、白のタイトめなGジャンで
うまくまとめてきた。見習いたいものです。
ハイ

by タカ

機嫌が良い日はドア側に立つ
という法則を発見しました!!

by 柳原可奈子

2008年7月

画：中居正広

お花見
by 里田まい

白の半そでカーディガン、白のパンツ、さりげないオシャレ。アイテムえらびのセンスを感じる。アクセサリーもgood!

by タカ（タカアンドトシ）

「オシャレは体型維持から」のお手本。
メタボの君、まずはダイエットから!!

タカアンドトシ
by タカ

足、糸みてぇだな
by 三村（さまぁ～ず）

2008.7.22

2008.7.29

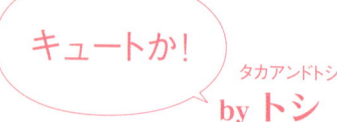

キュートか!

by トシ タカアンドトシ

2008年8月

ライオン

画：中居正広

遠くにゴルフへ by 里田まい

あと11で100だね by 三村(さまぁ～ず)

これだけのうるさい柄のTシャツを、よく手なづけた。プロの技

タカアンドトシ
by タカ

小さめのポロシャツで、ベルトをみせる技。
トーシローにはマネできんぞ！

by タカ (タカアンドトシ)

2008年9月

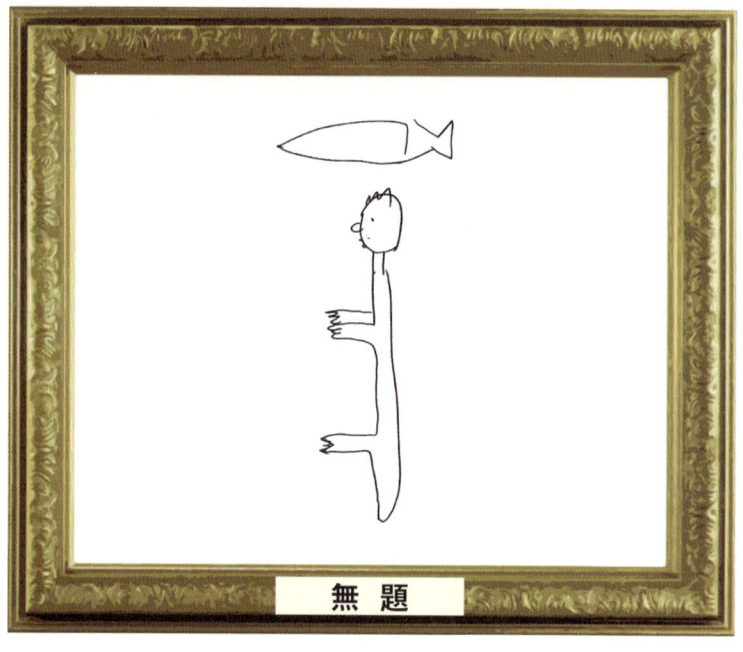

無題

画：中居正広

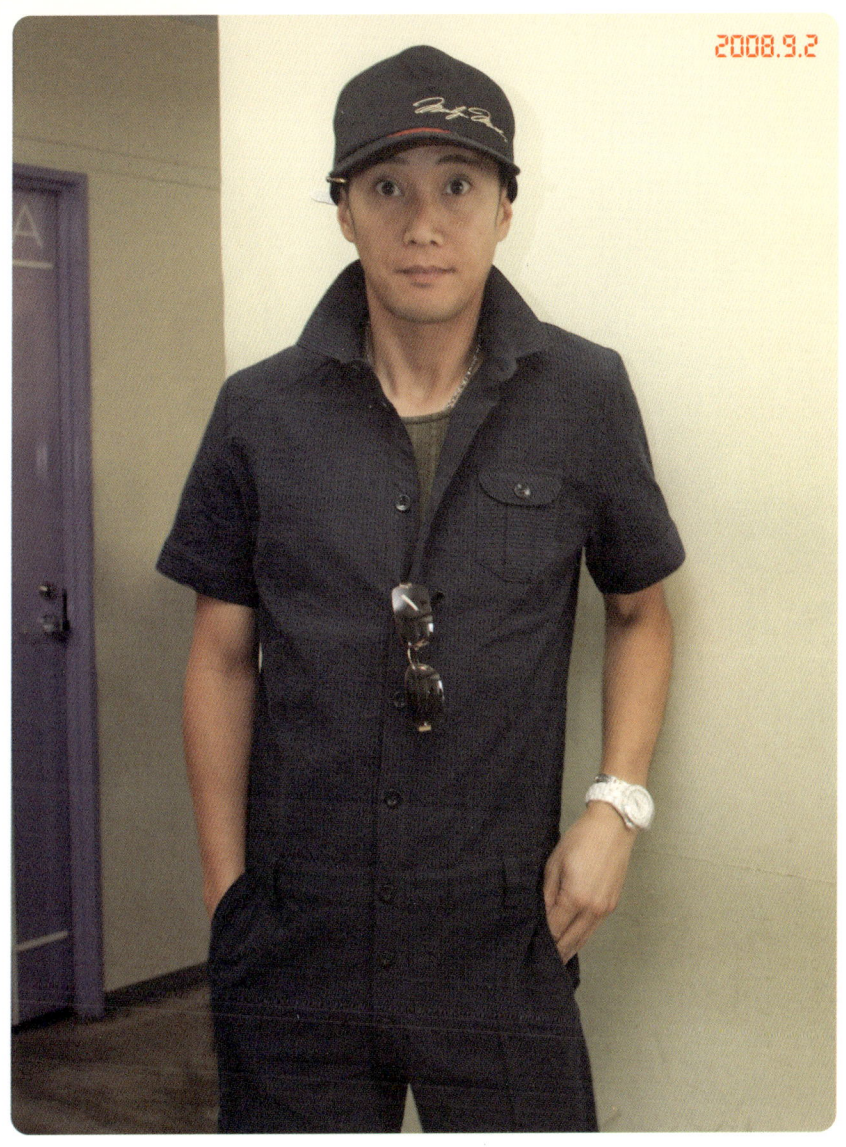

とってもラフ。ジャージのサイズとデザインで、オシャレを強調

by タカ (タカアンドトシ)

お待ちしておりました
by 大竹（さまぁ〜ず）

迷彩の色とTシャツのよれよれ感が
ほどよくマッチ

タカアンドトシ
by タカ

昔、一世風靡セピアに、この人いたよね
by 三村（さまぁ～ず）

2008年10月

画：中居正広

これ着てコンビニとか行ってんのかね

by 三村(さまぁ〜ず)

ちょ、ベルト鬼長くないスか？
あーしトイレの時とか床に付きそうで
マジムリっす〜

by 総武線の女子高生
（柳原可奈子）

ジャージの袖とキャップの柄を合わせてるあたり、オシャレ達人の小技だ

by タカ (タカアンドトシ)

2008年11月

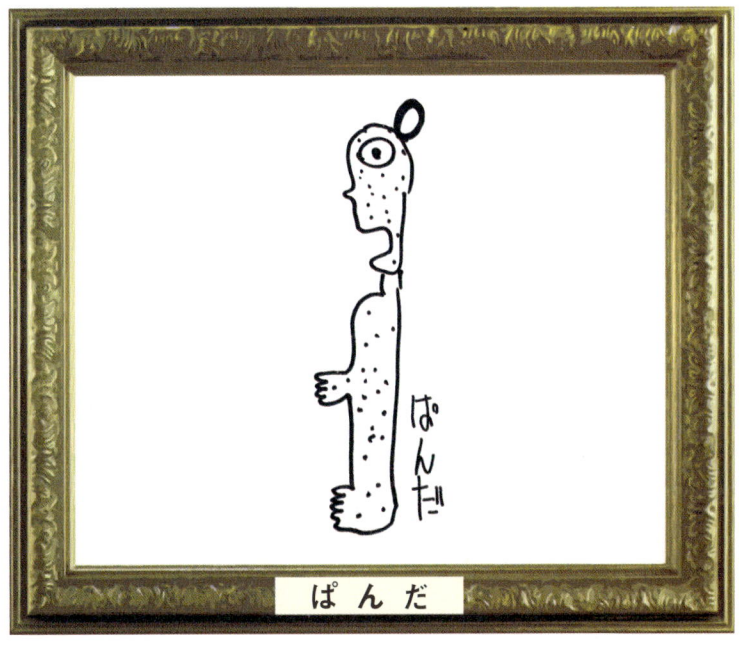

画：中居正広

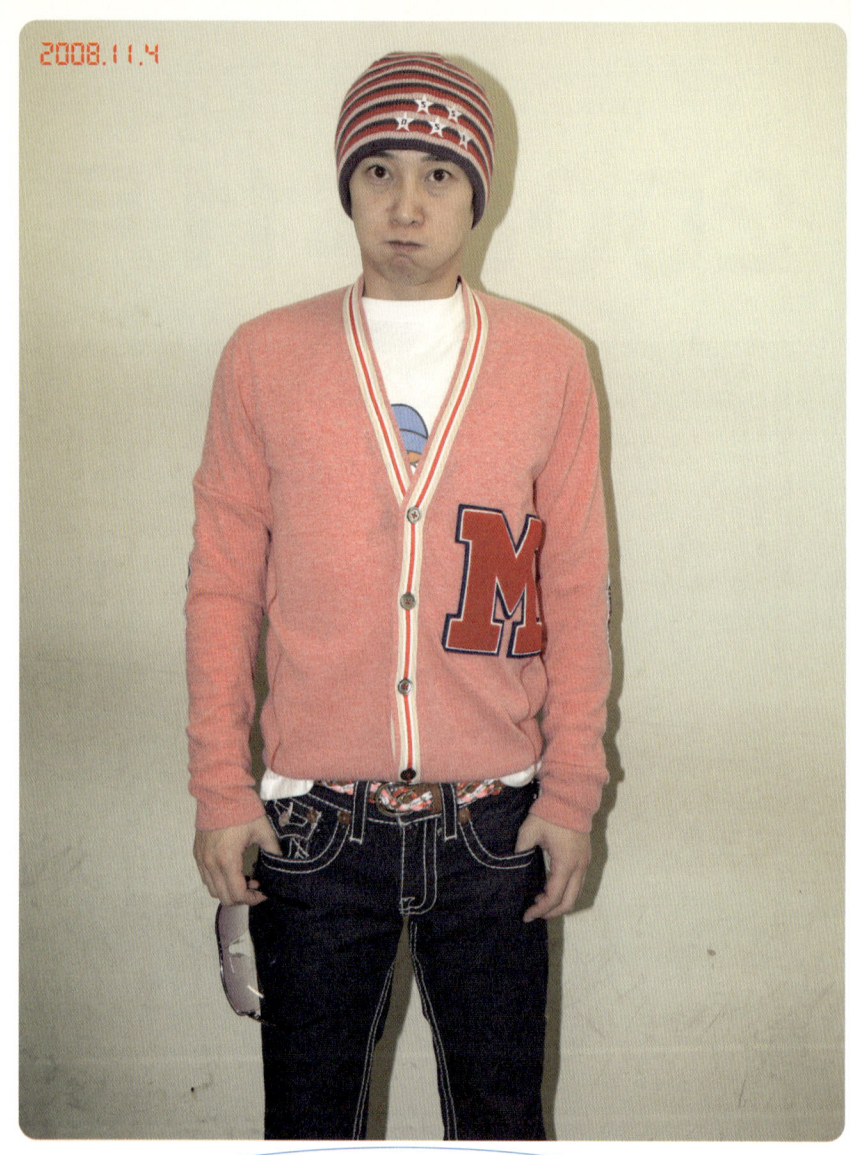

Vネックの間にモンスター?みたいなのがいて気になります！
こっち見てる！

by 柳原可奈子

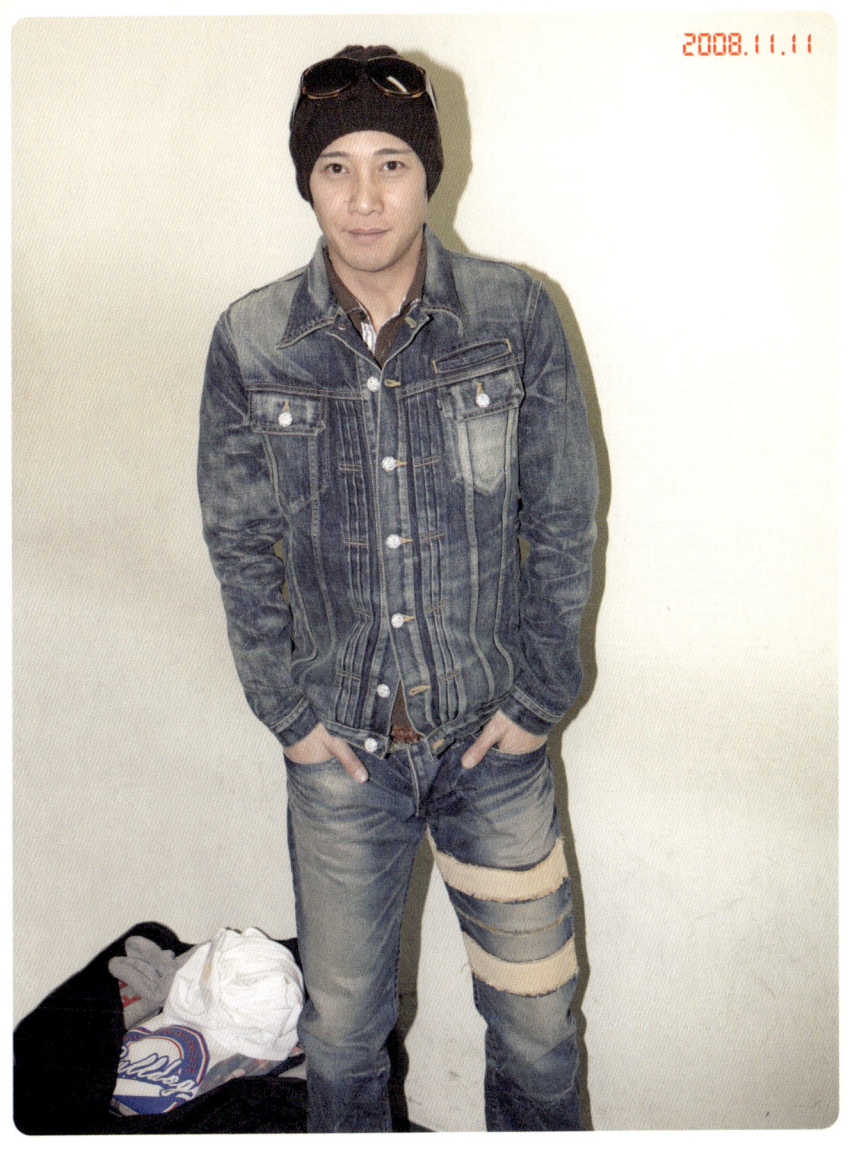

2級取ったんだね by 大竹（さまぁ～ず）

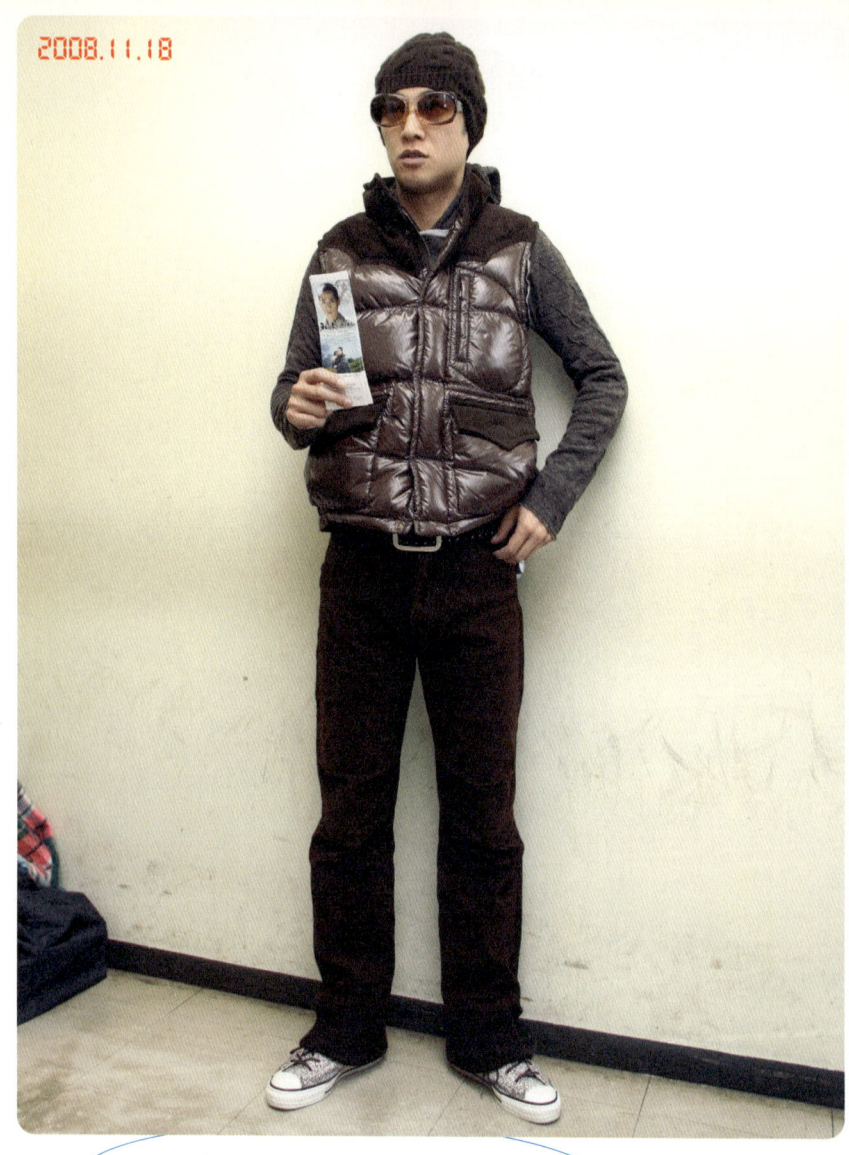

茶系でまとめて一見地味にみえるが
キラびやかなスニーカーと右手にもってる
「私は貝になりたい」のチケットが抜群のバランス。good!!

タカアンドトシ
by タカ

派手なカーディガンを、細めのジーンズと
あわいピンクのスニーカーでうまくバランスをとっている。
さすがの一言

タカアンドトシ
by タカ

2008年12月

画：中居正広

バイカーか！

by トシ (タカアンドトシ)

夜、むかえに来てくれて予定外のデート

by 里田まい

駄菓子バーへ行く

by 里田まい

旭山動物園へ
by 里田まい

2009年1月

獅 子 舞

画：中居正広

全身黒っていうのは私の親友のドン小西ちゃんも
むずかしいって言ってたわ

by 大御所スタイリスト
　　北条マキ
　　（柳原可奈子）

東京、横アリへライブ見に行く

by 里田まい

そうか、まだ8級なんだね
by 大竹(さまぁ〜ず)

ファー付きダウンと黒のパンツ。重く見えがちだが、パンツの丈を短めにしてギンガムチェックのスニーカーでかわいくまとめて、黒なのにキュート◎

タカアンドトシ
by タカ

2009年2月

画:中居正広

2009.2.3

女のコが着ても〜かわいくなっちゃうアウターなんで、ちょっとダボッとめな感じでデニムとあわせてあげたりとか〜 うん？ あっファーは取り外しOKなんでぇ♥

by ショップ店員
(柳原可奈子)

バンクーバーに一緒に行くとか。デートで

by 里田まい

全身黒。ハードになりがちなのを、ボンボン付きニットで、うまく、やわらげた。アッパレ

by タカ (タカアンドトシ)

防寒バッチリか！

タカアンドトシ
byトシ

2009年3月

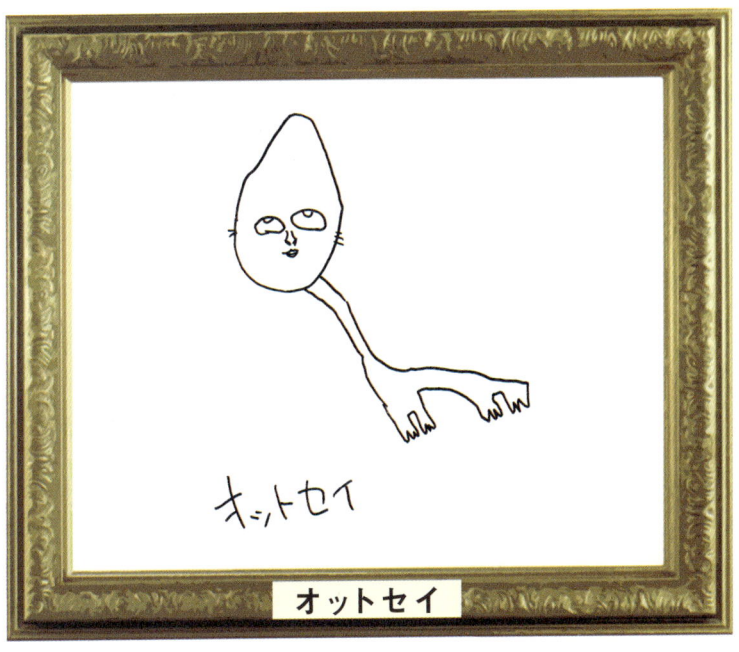

オットセイ

画：中居正広

学生時代、クラスのかっこいい男子は
だいたいこのマフラーの巻き方してました。
だから今でも胸キュン♥でーす

by 柳原可奈子

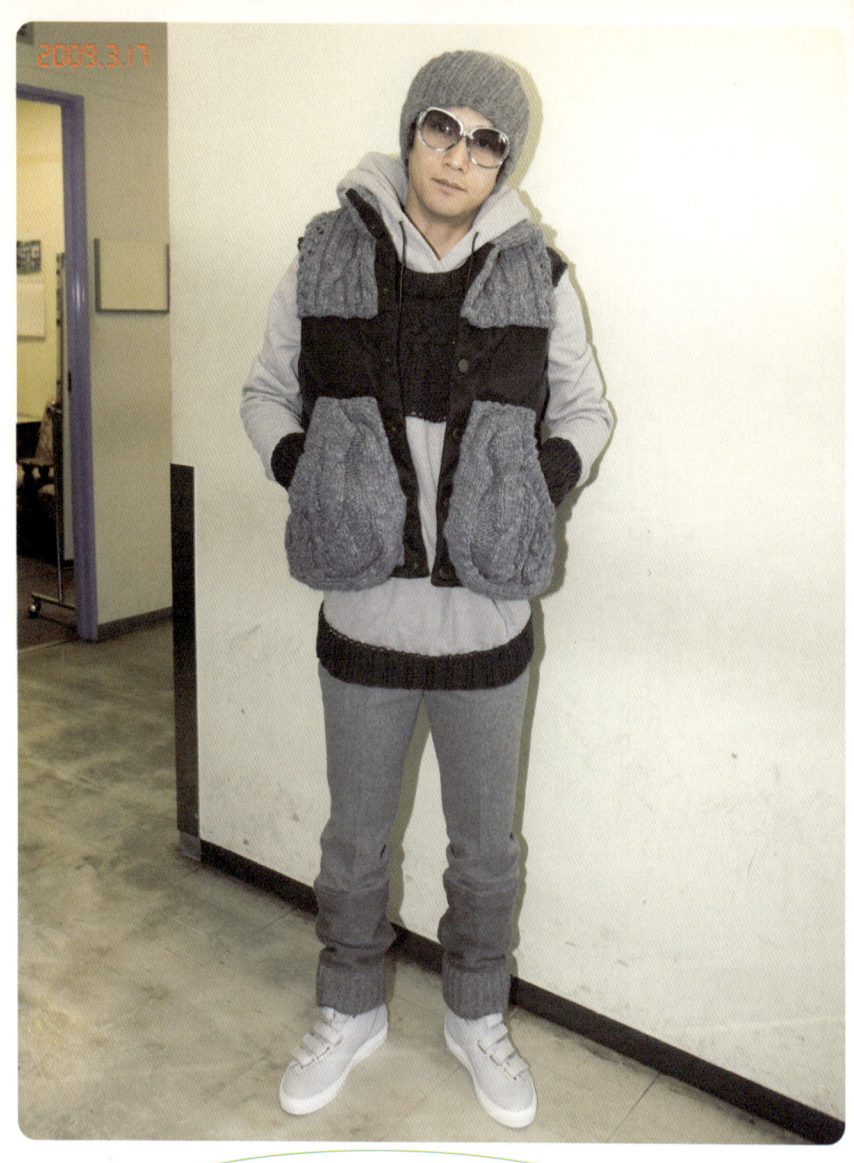

ニット、パンツのすそ、ベストの統一感は、見習いたいものだ

タカアンドトシ
by タカ

これならオレ着れっかな
by 三村(さまぁ〜ず)

カラフルなスタジャンとスニーカー。
このアイテムをうまくまとめたのはさすがの一言

タカアンドトシ
by タカ

2009年4月

ねずみ

画：中居正広

2009.4.7

マフラーに穴をあけてかぶるという、斬新な衣装ですね。

by 三村(さまぁ〜ず)

病み上がりかもしれないけど、お台場

by 里田まい

上下おそろいのスーツだが、
ここまで、ラフに着こなせるのは、中々いないだろう。
とにかくカワイイ

タカアンドトシ
by タカ

2009年5月

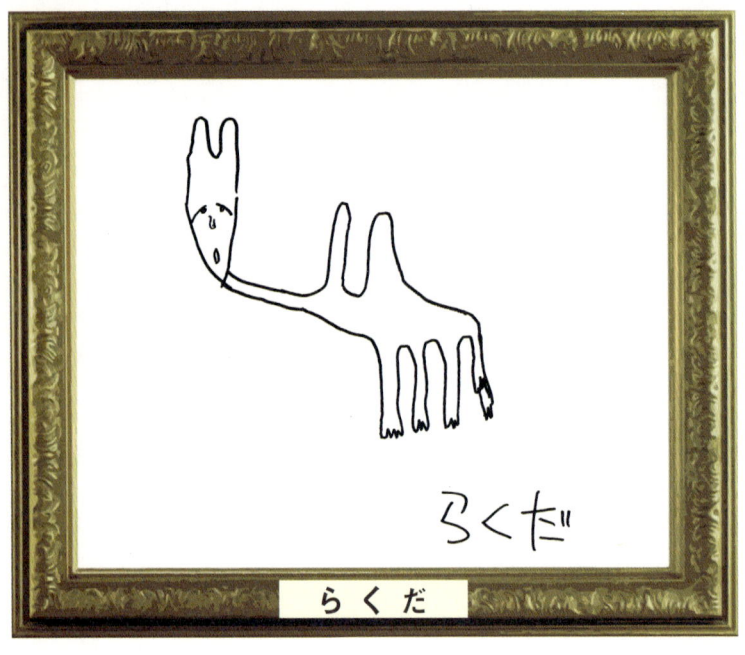

画：中居正広

2009.5.5

モノクロのコーディネートがザッツグ〜!

by 里田まい

ギャング風か！

タカアンドトシ
by トシ

一緒におばけやしき的な所へ

by 里田まい

2009年6月

画：中居正広

風が強い日のゴルフ by 里田まい

2009.6.9

近未来のパンツとパーカーの選び方。
ファッションセンスはイタリア人並か!?

タカアンドトシ
by タカ

欧米か!
(帽子のマーク)

タカアンドトシ
by トシ

一緒に、スポーティな所へ by 里田まい

黒の上下のスーツに赤のチェックシャツ、D&Gのスニーカー。
出来そうで出来ない組み合わせ。
キャップ、メガネの小物もきいている!

タカアンドトシ
by タカ